BEI GRIN MACHT SICH IHR WISSEN BEZAHLT

AF149234

- Wir veröffentlichen Ihre Hausarbeit, Bachelor- und Masterarbeit

- Ihr eigenes eBook und Buch - weltweit In allen wichtigen Shops

- Verdienen Sie an jedem Verkauf

Jetzt bei www.GRIN.com hochladen und kostenlos publizieren

Paul Ladewig

Smart Metering: Kosteneinsparpotenziale für Unternehmen

GRIN Verlag

Bibliografische Information der Deutschen Nationalbibliothek:

Die Deutsche Bibliothek verzeichnet diese Publikation in der Deutschen National-
bibliografie; detaillierte bibliografische Daten sind im Internet über http://dnb.d-
nb.de/ abrufbar.

Impressum:

Copyright © 2011 GRIN Verlag GmbH
Druck und Bindung: Books on Demand GmbH, Norderstedt Germany
ISBN: 978-3-656-04481-9

Dieses Buch bei GRIN:

http://www.grin.com/de/e-book/181320/smart-metering-kosteneinsparpotenziale-
fuer-unternehmen

GRIN - Your knowledge has value

Der GRIN Verlag publiziert seit 1998 wissenschaftliche Arbeiten von Studenten, Hochschullehrern und anderen Akademikern als eBook und gedrucktes Buch. Die Verlagswebsite www.grin.com ist die ideale Plattform zur Veröffentlichung von Hausarbeiten, Abschlussarbeiten, wissenschaftlichen Aufsätzen, Dissertationen und Fachbüchern.

Besuchen Sie uns im Internet:

http://www.grin.com/

http://www.facebook.com/grincom

http://www.twitter.com/grin_com

FOM

Hochschule für Ökonomie und Management – Berlin

Hausarbeit zum Thema:

Smart Metering: Kosteneinsparpotenziale für Unternehmen

Autor: Paul Ladewig

Berlin, den   02.01.2011

Inhaltsverzeichnis

Abkürzungsverzeichnis

DSL	Digital Subscriber Line
GPRS	General Paket Radio Service
MA	Mitarbeiter
MUC	Multi Utility Communication
PLC	Powerline Communication
WIK	Wissenschaftliches Institut für Infrastruktur und Kommunikationsdienste

Abbildungsverzeichnis

Tabellenverzeichnis

Tab. 1:   Vorteile von Smart Metering aus Unternehmenssicht

Quelle: in Anlehnung an: Wenske, H., Smart Metering – Mit Technologie und Psychologie zu mehr Energieeffizienz, Vortrag auf der Informatik-Messe CeBIT in
Hannover 2010

Tab. 2:   „Kosteneinsparungspotenziale bei PCs durch greentrac"

Quelle: in Anlehnung an: Wenske, H., Smart Metering – Mit Technologie und Psychologie zu mehr Energieeffizienz, Vortrag auf der Informatik-Messe CeBIT in
Hannover 2010

1 Einleitung

Energiekosten sind auf der Kostenseite eines Unternehmens eine wichtige wirtschaftliche Größe. Ist ein Unternehmen in der Lage, wesentliche und unnötige Energieverbraucher (durch Mitarbeiter, Maschinen, Prozesse) innerhalb der Organisation zu lokalisieren, so kann es aus dieser Erkenntnis Handlungsalternativen ableiten und seine Energiekosten senken. Neben dem wirtschaftlichen Nutzen der Kostenersparnis kann ein Unternehmen auf diese Weise auch seinen CO_2 Ausstoß reduzieren und somit zum Klimaschutz beitragen. Dies würde sich wiederum positiv auf das Image eines Unternehmens auswirken.

Stromkostenersparnis und Imageverbesserung sind somit die wesentlichen Chancen für ein Unternehmen, dass sich für die Einführung von Smart Metering entscheidet. Ob es einen tatsächlichen wirtschaftlichen Nutzen für Unternehmen durch die Einführung von Smart Metering gibt, soll das Ergebnis dieser Hausarbeit werden.

Dazu wird zunächst das Thema Smart Metering hinsichtlich Definition, technischer Realisierung und Vor- und Nachteilen betrachtet. Anschließend werden die Kosten-Nutzen Aspekte von Metering betrachtet und Schlüsselfunktion der Mitarbeitermotivation erläutert, um abschließend im Fazit die Wirtschaftlichkeit der Einführung von Smart Metering beurteilen zu können.

2 Smart Metering

2.1 Definition und technischer Aufbau

Smart Metering bedeutet den Einsatz intelligenter, elektronischer Strom und Gaszähler (Smart Meter). Intelligent sind diese Smart Meter deshalb, weil sie den aktuellen Strom- bzw. Gasverbrauch über Datennetze an den Netzbetreiber übermitteln und somit eine Fernablesung ermöglichen. Eine Datenübertragung zum Rechner des Verbrauchers ist ebenfalls möglich. Seit dem 01. Januar 2010 ist der Einbau von Smart Meter bei Neubauten und Vollsanierungen gesetzlich vorgeschrieben.[1]

Um Smart Metering betreiben zu können ist zunächst der Austausch der elektromechanischen Zähler durch die Smart Meter Zähler erforderlich. Diese sind dann in der Lage in festgelegten Rhythmen den aktuellen Stromverbrauch z.B. via

---

[1] Steria Mummert Consulting, 2010, S. 4

Internetverbindung an den Netzbetreiber und gleichzeitig auch an den Endverbraucher zu melden. Eine manuelle Datenübermittlung und –verarbeitung entfällt
somit. Das folgende Schaubild verdeutlicht diesen Ablauf. Die obere Zeile zeigt
den Ablauf mit elektromechanischem und die untere Zeile zeigt den Ablauf mit
elektrischem Zähler.

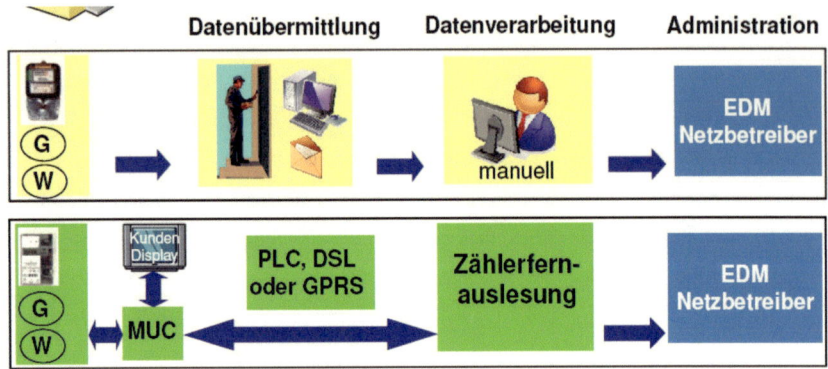

Abb. 1: „Energieverbrauchszähler im System – heute und morgen"
Quelle: in Anlehnung an: Stein, J. 2008, S. 5

Der in der obigen Abbildung symbolisierte Multi Utility Communication Controller (MUC Controller) ist ein eigenständiges Gerät, welches als Schnittstelle für
den Datentransport dient. Mit Hilfe des MUC Controller können die verschiedenen intelligenten Zähler miteinander vernetzt und die Daten gesammelt werden.[2]
Vom MUC Controller aus können die vom Smart Meter gelieferten Verbrauchsdaten gleichzeitig an den Netzbetreiber und an den Endverbraucher übertragen
werden.

Powerline Communication (PLC), ‚Digital Subscriber Line (DSL) oder General
Paket Radio Service (GPRS) sind Übertragungstechnologien, die dem Datentrans-
fer vom MUC-Controller zum Netzbetreiber dienen. Bei PLC läuft der Daten-
transfer über das Stromnetz zwischen der Trafostation und dem Hausnetz ab.[3]
GPRS baut auf dem bestehenden Global System for Mobile Communication
(GSM) Netz auf. Beim GPRS Verfahren werden Datenpakete durch Kanalbünde-
lung einzeln übertragen. [4] Das GSM Netz ist ein Standard für volldigitale Mobil-

---

[2] Müller, O., Schäfer, C., 2009, S. 12
[3] Müller, O., Schäfer, C., 2009, S. 18
[4] Müller, O., Schäfer, C., 2009, S. 19

funknetze, der hauptsächlich für Telefonie, Kurzmitteilungen und Datenübertragungen genutzt wird.

2.2 Vorteile aus Unternehmenssicht

Entscheidet sich ein Unternehmen, in dessen Betriebsstätten, Fabriken und Verwaltungsgebäuden Smart Metering einzusetzen, so bringt das einige Vorteile mit sich. Überwiegend gelten hierbei für Unternehmen die gleichen Vorteile und Handlungsalternativen, wie für Privatkunden. Vor allem im Umfang und in der Art der Handlungsalternativen gibt es jedoch gewisse Unterschiede.

Zunächst einmal bewirkt der alleinige Austausch der elektromechanischen gegen die elektronischen Stromzähler eine Reduzierung des Energieverbrauchs. Denn der Eigenverbrauch von Smart Meter Zählern beträgt 1,5 bis 2 Watt im Vergleich zu 4 bis 5 Watt Eigenverbrauch von elektromechanischen Stromzählern. Somit kann der Eigenverbrauch der Stromzähler durch den Einsatz von Smart Meter im günstigsten Fall um bis zu 70% gesenkt werden.[5]

Ein weiterer Vorteil ist Möglichkeit für das Unternehmen eine monatliche Rechnung nach tatsächlichem Verbrauch zu erhalten. Es muss dadurch keine Pauschale auf Basis des Stromverbrauchs des letzten Jahres zahlen, sondern wird monatlich nach tatsächlichem Verbrauch abgerechnet. Es entfällt somit auch eine Nachzahlung bzw. nachträgliche Gutschrift und damit die Planungsunsicherheit bei Energiekosten.[6]

Durch die automatische und elektronische Übermittlung der Stromverbrauchsdaten an den Energieversorger entfällt die manuelle und damit fehlerbehaftete Stromablesung durch den Netzbetreiber. Bei einer deutschlandweiten Implementierung von intelligenten Stromzählern kann der Netzbetreiber seine Mitarbeiter zur Stromablesung einsparen, was sich mittelfristig positiv auf die Strompreise auswirken könnte.[7] Diese Annahme setzt allerdings voraus, dass die Netzbetreiber die hierbei realisierten Kosteneinsparungen in Form von Tarifanpassungen an Ihre Kunden weitergeben.

Die folgende Tabelle zeigt weitere Vorteile von Smart Metering für Unternehmen. Diese sind nach den Kategorien Wirtschaftlicher Nutzen, Ökologische Effizienz und Soziale Verantwortung gegliedert und zeigen somit auf, dass sich Smart

---

[5] Stein, J., 2008, S. 16
[6] Dackweiler, M., Utecht, J., S. 2
[7] Dackweiler, M., Utecht, J., S. 2

Metering durch seine Effekte positiv auf die Corporate Social Responsibility, also der sozial- und umweltverantwortlichen Unternehmenstätigkeit, auswirkt.

Wirtschaftlicher Nutzen	Ökologische Effizienz	Soziale Verantwortung
Reduktion der Energiekosten	Senkung des Energiever- brauchs	Schaffen allgemeinen Be- wusstseins
Senkung der Papierkosten	Senkung des CO2 Ausstoßes → Verbesserung der CO2- Bilanz	Vorbildfunktion für Mitarbei- ter (MA), Partner und Kunden
Identifikation der Einsparpo- tenziale	Minimierung des Papierver- brauchs	Positive Abstrahleffekte bis in den privaten Bereich der MA
Exakte Dokumentation der Ersparnisse	Effizientere Nutzung von Ressourcen	Nachhaltiger Umgang mit Ressourcen der folgenden Generationen
Schnelle Amortisation		
Positive Wirkung auf die Innen- und Außendarstellung		

Tab. 1: „Vorteile von Smart Metering aus Unternehmenssicht"
Quelle: in Anlehnung an: Wenske, H., 2010

2.3 Nachteile aus Unternehmenssicht

Es gibt allerdings auch negative Aspekte bei der Einführung von Smart Metering für ein Unternehmen zu berücksichtigen. So ist z.B. die Datenkommu- nikation zwischen Smart Meter Zählern und Netzbetreiber bzw. Endverbraucher und die mit der Implementierung von Smart Metering einhergehende IT- Infrastruktur mit einem hohen Energieverbrauch verbunden.[8] Darüber hinaus werden für die Implementierung der IT-Infrastruktur und die Installation und Nut- zung einer entsprechenden Smart Metering Software Investitionskosten und Soft- warelizenz-Gebühren anfallen.

Ein weiterer Nachteil ist die bisher fehlende Standardisierung von Schnittstel- len, Übertragungsverfahren und den damit verbundenen Smart Metering Syste- men. Diese Standardisierungen sind erforderlich, damit alle Hersteller von intelli- genten Stromzählern und deren Systemkomponenten nach einheitlichen Vorgaben produzieren und die verschiedenen Teile somit untereinander austauschbar sind.[9] Ein aktuelles Problem bei Smart Metering für Unternehmen ist daher, dass die Smart Metering Zähler verschiedener Anbieter untereinander nicht kompatibel

---

[8] Stein, J., 2008, S. 16
[9] Müller, O., Schäfer, C., 2009, S. 6

sind. Zunächst entscheidet sich ein Unternehmen für einen Netzbetreiber und lässt gegen eine Gebühr dessen Smart Metering Zähler installieren. Entscheidet sich das Unternehmen danach für einen anderen Netzbetreiber, der einen günstigern Stromtarif anbietet, so muss das Unternehmen die bereits installierten Smart Metering Zähler und evtl. die dazugehörige IT-Infrastruktur austauschen lassen, wodurch erneut Investitionskosten anfallen.[10]

Darüber hinaus stellt das Problem des Datenschutzes und der Datensicherheit einen Nachteil bei Smart Metering vor allem in Deutschland dar. Durch die Digitalisierung der Stromverbrauchsdaten besteht ein tendenziell leichterer Zugriff von Externen, z.B. von sog. Hackern. Diese können das Smart Metering System infiltrieren und die Stromverbrauchsdaten, Stammdaten der Kunden oder weitere Daten manipulieren. In diesem Zusammenhang besteht auch die Befürchtung von Kunden zum sog. gläsernen Verbraucher zu werden, denn der Netzanbieter erhält detaillierte Informationen darüber wann, wo und wie viel Strom seine Kunden verbrauchen.[11]Gleiches würde in diesem Sinne dann auch für ein Unternehmen gelten, was aus Wettbewerbsgesichtspunkten eine zusätzliche Bedeutung gewinnt, da die gestohlenen Verbrauchsdaten an Konkurrenzunternehmen gelangen könnten.

Durch Smart Metering wird es den Stromanbietern möglich sein, flexible Stromtarife anzubieten. Dies bedeutet z.B., dass der Strom in den Abendstunden günstiger wird.[12] Dies würde jedoch im Umkehrschluss bedeuten, dass der Strom tags über teurer werden könnte, da zu dieser Zeit die Nachfrage am höchsten ist. Da die meisten Unternehmen ihre Kerngeschäftszeiten jedoch tagsüber, z.B. von 8:00 Uhr bis 16:00 Uhr haben und sie diese aus dem Gesichtspunkt der Kundenfreundlichkeit nicht verschieben können, stellt das ebenfalls einen potenziellen Nachteil von Smart Metering aus Unternehmenssicht dar.

---

[10] energiesparen-im-haushalt.de, S.2
[11] Dackweiler, M., Utecht, J., S. 2
[12] energiesparen-im-haushalt.de, S.1

3 Kosteneinsparpotenziale für Unternehmen

3.1 Prozentuale Einsparpotenziale und Rechenbeispiele

Herr Horst Wenske von der KTC – Karlsruhe Technology Consulting GmbH hat auf der Informatikmesse CeBIT 2010 in Hannover eine Softwarelösung für Smart Metering namens greentrac präsentiert, welche sowohl mit, als auch ohne den Einbau von Smart Metering Zählern eingesetzt werden kann.

Diese Software wurde speziell für die Verwendung in Organisationen, wie Wirtschaftsunternehmen, Hochschulen etc. entwickelt und bereits angewendet. Sie analysiert und visualisiert speziell den Energieverbrauch von PC-Systemen und den dazu gehörigen Peripheriegeräten, welche 70% ihrer Energie im Leerlauf verbrauchen.[13]

Bei einer Beispielrechnung der KTC Karlsruhe wurde das jährliche Kosteneinsparungspotenzial durch die Vermeidung von PC-Leerlaufzeiten ermittelt. Die Annahme war, dass ein PC mit 175 Watt läuft und dass er eine Leerlaufzeit von 66% am Tag hat. In Stunden umgerechnet sind dies 16 Stunden pro Tag bei 220 Arbeitstagen pro Jahr. Die Ergebnisse dieser Beispielrechnung sind in der folgenden Tabelle zusammengefasst.

PCs	100	500	1.000
Stromkosten (€/kWh)	€ 0,18	€ 0,18	€ 0,18
CO2-Emissionen (CO2/kWh)	0,6 Kg	0,6 Kg	0,6 Kg
Jährliche CO2-Einsparung	24.400 Kg	122.000 Kg	244.000 Kg
Jährliche Kosteneinsparung	€ 7.300,-	€ 36.500,-	€ 73.000,-

Tab. 2: „Kosteneinsparungspotenziale bei PCs durch greentrac"

Quelle: in Anlehnung an: Wenske, H., 2010

Gestützt wird diese Beispielrechnung durch das Ergebnis einer Studie des Bundeswirtschaftsministeriums mit dem Thema „Potenziale der Informations- und Kommunikationstechnologien zur Optimierung der Energieversorgung und des Energieverbrauchs (eEnergy)" vom Dezember 2006. Demnach belaufen sich die realistischen Einsparmöglichkeiten in Deutschland auf 6,5% bzw. 9,5 Mrd. kWh allein durch den Einsatz intelligenter Stromzähler.[14] Andere Quellen sprechen von 5 – 10% Energiesparpotenziale durch Smart Metering.[15]

---

[13] Wenske, H., 2010
[14] Stein, J., 2008, S. 17
[15] energiesparen-im-haushalt.de, S.1

Herr Wenske nennt bei seinem Vortrag weitere Erfolgswerte bei bereits realisierten greentrac Installationen in Unternehmen aus unterschiedlichen Branchen.
Demnach wurden bei Behörden 41%, bei Banken 53% und in der Telekommuni-
kationsbranche 66% Energiekosten durch den Einsatz von greentrac eingespart.
Weitere Beispielwerte sind der folgenden Abbildung zu entnehmen.

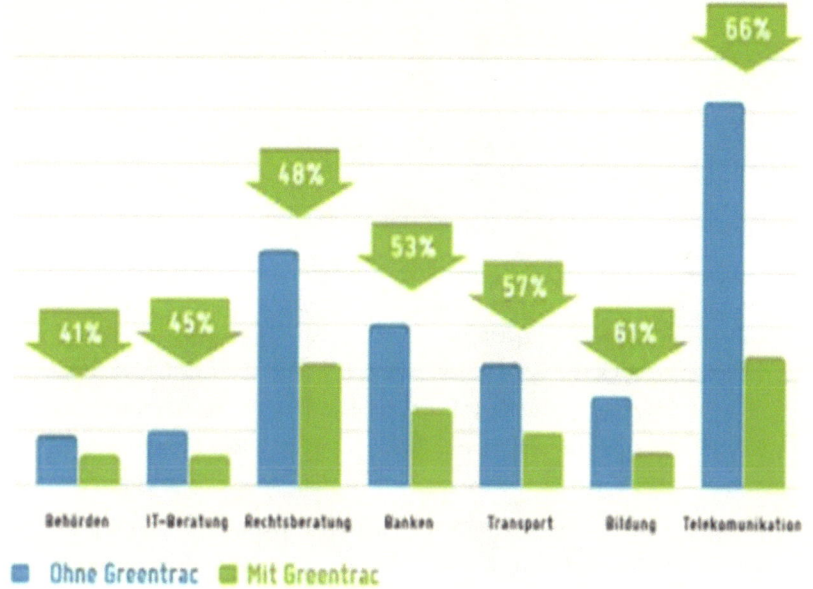

Abb. 2: „Energieeinsparpotenziale durch greentrac"
Quelle: in Anlehnung an: Wenske, H., 2010

Ein weiteres Beispiel von Hrn. Wenske zeigt, dass durch Smart Metering selbst
bei Organisationen, die bereits ein Energiemanagementsystem implementiert ha-
ben, weitere Energiesparpotenziale realisiert werden können. Es geht in diesem
Beispiel um die Fachhochschule Worms, bei welcher durch greentrac nach der
Projektphase, also ab der fünften Woche nach Einführung, die Energiekosten pro
Woche um weitere 14% gesenkt werden konnten.

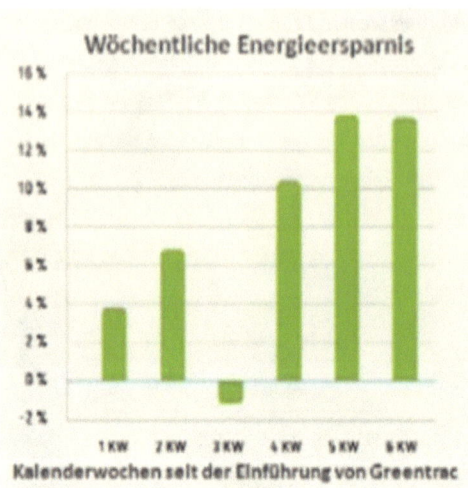

Abb. 3: „Realisierte Energieeinsparungen durch greentrac bei der FH Worms"
Quelle: in Anlehnung an: Wenske, H., 2010

Laut den Experten aus der Energie- und Informatik-Branche sind durch Smart Metering Energiesparpotenziale möglich und deren Realisierung ist ebenfalls bereits bei Unternehmen aus verschiedenen Branchen erfolgt. Kosten-Nutzen-Gegenüberstellungen oder Berechnungen zur Rentabilität oder zur Amortisationsdauer von Smart Metering konnten in der Literatur nicht gefunden werden. Zumindest Herr Wenske von der KTC Karlsruhe verspricht seinen Kunden eine maximale Amortisationsdauer von einem Jahr. Darüber hinaus bietet der Diskussionsbeitrag des Wissenschaftlichen Instituts für Infrastruktur und Kommunikationsdienste (WIK) in Bad Honnef zum Thema Smart Metering einen ersten Eindruck über die Kosten-Nutzen-Frage. Demnach wurde am 01. Januar 2009 in den Niederlanden die flächendeckende Einführung von Smart Meter Zählern in Haushalten gesetzlich festgelegt.[16] Eine Kosten-Nutzen-Analyse in den Niederlanden von 2005 ergab, dass der Nutzen der privaten Haushalte die Verluste der anderen Marktteilnehmer kompensiert.[17] Wirtschaftliche Unternehmen wurden bei dieser Analyse als Marktteilnehmer nicht berücksichtigt. Wie die Kapitel 2.2 und 2.3 jedoch zeigen, teilen Wirtschaftsunternehmen weitestgehend die Vor- und Nachteile von privaten Haushalten. Somit könnte man für die Wirtschaftsunternehmen eine ähnlich positive Kosten-Nutzen-Bilanz wie für die privaten Haushalte ablei-

---

[16] Wissner, M., 2009, S. 11
[17] Wissner, M., 2009, S. 14

ten. Zum Überblick über alle in 2005 analysierten Marktteilnehmer in den Niederlanden und deren Kosten-Nutzen-Ergebnisse dient die folgende Abbildung.

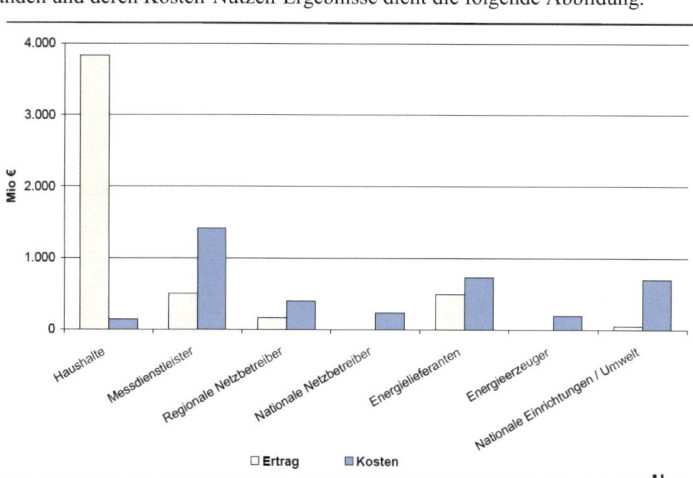

Quelle: Siderius et al. (2005)

Abb. 4: „Niederlande: Kosten und Nutzen von Smart Metering für einzelne Akteure"
Quelle: Wissner, M., 2009, S.15

3.2 Erfolgsfaktor Mitarbeitermotivation

Damit Smart Metering erfolgreich umgesetzt werden kann, muss es in die gesamte Unternehmensstruktur integriert werden. Dazu zählen in diesem Fall vor
allem die Mitarbeiter eines Unternehmens. Denn das vorige Rechenbeispiel über
mögliche Kosteneinsparungen durch Vermeidung von PC-Leerlaufzeiten hat ge-
zeigt, dass es letztendlich bei den Mitarbeitern liegt, die aus Smart Metering abge-
leiteten Handlungsalternativen umzusetzen.

Dabei spielt die Problematik des Datenschutzes eine Rolle. Wie berits erwähnt,
möchten Deutsche Bürger durch Smart Metering nicht zum Gläsernen Stromver-
braucher werden. Analog dazu würden Mitarbeiter durch Smart Metering im Unternehmen nicht zu gläsernen Mitarbeitern werden wollen, was ihre Motivation
zur Umsetzung von Smart Metering Maßnahmen negativ beeinflussen könnte.
Denn ein Mitarbeiter, der genau aufgezeigt bekommt, wann er mit welchem Gerät
wie viel Strom verbraucht und dies in Vergleich, also in Konkurrenz zu anderen
Mitarbeitern gesetzt wird, der fühlt sich evtl. beobachtet, kontrolliert und unter
Druck gesetzt.

Gegen diese Problematik spricht das Ergebnis einer Umfrage des Energie Radar zum Thema Smart Metering. Der Energie Radar ist eine Kooperation zwischen dem Nürnberger Energie Marktforschungsinstitut mindline energy GmbH und dem Energie Informationsdienst aus Hamburg, welche Umfrageergebnisse zu aktuellen Themen aus der Energiewirtschaft präsentieren. Bei der Umfrage zu Smart Metering wurden 5.353 Verbraucher befragt. Ein Ergebnis der Umfrage war, dass fast die Hälfte der Befragten Smart Meter Zähler gern bei sich im Haushalt einsetzen würden. 65 Prozent der Befragten halten die Identifikation von Stromfressern für die wichtigste Aufgabe von Smart Metering.[18]

Das Ergebnis der Umfrage zeigt, dass es bereits eine relativ große Zustimmung zu Smart Metering in der deutschen Bevölkerung gibt, obwohl das Thema insgesamt in Deutschland noch sehr unbekannt ist. Somit wird das Gegenargument zu Smart Metering bezüglich des Datenschutzes entkräftet. Dennoch ist es wichtig, dass ein Unternehmen seine Mitarbeiter motiviert, bei Smart Metering mitzuwirken.[19]

Eine Möglichkeit zur Mitarbeitermotivation ist die monetäre Belohnung von Kosteneinsparungen über ein bestehendes oder für Smart Metering extra entwickeltes Anreizsystem. Bei der jährlichen Zielvereinbarung zwischen Mitarbeiter und Vorgesetztem könnte die Einsparung eines gewissen Prozentsatzes an Stromverbrauch ein Kriterium sein. Hat der Mitarbeiter an seinem Arbeitsplatz z.B. 30% Stromverbrauch im Durchschnitt über das gesamte Kalenderjahr eingespart, so gilt das Kriterium zu 100% erfüllt und er erhält seine jährliche Geldprämie in einer gewissen Höhe. Somit wird der Mitarbeiter für das Thema Stromsparen sensibilisiert und er erhält bei erfolgreicher Umsetzung eine finanzielle Belohnung.

Neben der extrinsischen Motivation kann ein Unternehmen seine Mitarbeiter auch intrinsisch motivieren, Strom zu sparen und dadurch den CO_2 Ausstoß zu minimieren. Es könnte z.B. eine Aufklärungskampagne über E-Mail-Newsletter starten in welcher es seine Mitarbeiter über mögliche Strom-Sparmaßnahmen und deren positive Auswirkungen auf den CO_2-Ausstoß und somit auf die Umwelt informiert. Es könnte auch in jedem Bereich bzw. jeder Abteilung einen sog. CO_2 Coach benennen und zu den vorgenannten Themen schulen. Dieser gibt sein Wis-

---

[18] energiesparclub.de, S. 1
[19] Wenske, H, 2010

sen dann an seine Kollegen wieder. Der Vorteil hierbei ist es, dass die Informationen nicht top down, sondern gleichgestellt unter Kollegen verbreitet werden.

4 Fazit

Spätestens mit der gesetzlichen Festlegung, dass bei Neubauten und Vollsanierungen ab 01. Januar 2010 der Einbau von Smart Meter Zählern Pflicht ist, wird Smart Metering auch für Unternehmen künftig zunehmend von Bedeutung sein.

Die Ergebnisse dieser Hausarbeit zeigen, dass die Frage nach dem ökonomischen Nutzen von Smart Metering noch nicht mit Sicherheit beantwortet werden kann. Einige Experten und Fachartikel sprechen Smart Metering hohe Einsparpotenziale beim Energieverbrauch zu. Gegen diese eingesparten Energiekosten müssen jedoch die für Smart Metering notwendigen Investitionen und laufenden Kosten gerechnet werden. Denn letztendlich muss Smart Metering für ein Unternehmen eine positive Kosten-Nutzen-Bilanz zum Ergebnis haben. Erste Anzeichen dafür sind das Versprechen der KTC Karlsruhe über eine Amortisation innerhalb eines Jahres und der äußerst positiven Kosten-Nutzen-Bilanz für private Haushalte in den Niederlanden.

Neben den ökonomischen Aspekten spielen für Unternehmen in Zeiten des Klimawandels und des in der Bevölkerung entsprechend steigenden Interesses am Klimaschutz auch ökonomische Aspekte von Smart Metering eine wichtige Rolle. So kann ein Unternehmen mit jeder eingesparten Kilowattstunde auch seine CO_2-Bilanz verbessern und dies mit Hilfe einer Smart Metering Software auch transparent und nachvollziehbar an seine Kunden und Mitarbeiter kommunizieren. Dies wiederum wirkt sich positiv auf das Unternehmensimage aus und beeinflusst Kunden, die Produkte des Unternehmens bei künftigen Kaufentscheidungen eher zu berücksichtigen.

Insgesamt bietet Smart Metering ökonomisch wie ökologisch viele Chancen für Unternehmen, wobei die genannten Risiken und die Kostenfrage nicht vernachlässigt werden dürfen. Darüber hinaus hängt es stark von der Branche und der organisatorischen Beschaffenheit des Unternehmens ab, ob sich Smart Metering rentiert. Somit bleibt es für jedes einzelne Unternehmen eine individuell zu betrachtende Entscheidung, ob es Smart Metering zum jetzigen Zeitpunkt einführt oder nicht.

Literaturverzeichnis

- Dackweiler, M., Utecht, J., Smart Meter – Die intelligenten Stromzähler kommen, Online Magazin: Energie Verbraucherportal, http://www.energiepreise-verglei-chen.de/themen_detail.html?&cHash=41063707ae&tx_ttnews%5BbackPid%5D=248&tx_ttnews%5Bpointer%5D=23&tx_ttnews%5Btt_news%5D=224, Zugriff am 30.12.2010.
- energiesparclub.de, Zahl des Monats: 65%, Umfrage zu Smart Metering, http://www.energiesparclub.de/smart-meter/zahl-des-monats/index.html, Zugriff am 01.01.2011.
- energiesparen-im-haushalt.de, Smart Metering Zähler, Internetseite, http://www.energiesparen-im-haushalt.de/energie/tipps-zum-energiesparen/strom-sparen-im-haushalt/stromzaehler-intelligent.html, Zugriff am 31.12.2010.
- Stein, J., Smart Metering – Chancen für Energieeffizienz, Frankfurt am Main 2008.
- Steria Mummert Consulting, online Glossar L – Z, Begriff: Smart Metering, http://www.steria-mummert.de/presse/hintergrundinformationen/glossar-l-bis-z, Zugriff am 28.12.2010.
- Müller, O., Schäfer, S., Smart Metering, Revolution der Messtechnik in der Energiebranche?, Berlin 2009.
- Wenske, H., Smart Metering – Mit Technologie und Psychologie zu mehr Energieeffizienz, Vortrag auf der Informatik-Messe CeBIT in Hannover 2010.
- Wissner, M., Diskussionsbeitrag zum Thema Smart Metering der Wissenschaftliches Institut für Infrastruktur und Kommunikationsdienste (WIK) GmbH, Bad Honnef, 2009.